Sophie Grenat

OBJECTIF ZÉRO BUDGET

Rustica éditions

Dépôt légal : janvier 2021
ISBN : 978-2-8153-1693-4
N° d'édition : RU16934 (R21033)

www.rusticaeditions.com

SOMMAIRE

INTRODUCTION

Laissez-moi vous présenter Sarah.
Sarah a bientôt 30 ans. Elle se sent dépassée. Les journées s'enchaînent et les dépenses aussi. Elle manque de temps, d'argent et d'énergie. Sarah veut mieux consommer pour soulager la planète, mais faute de moyens, elle s'interdit de le faire. Alors, elle remet à plus tard ses résolutions et culpabilise à chaque dépense.

Coincée dans cette spirale infernale, Sarah oublie de se concentrer sur l'essentiel : elle-même. Elle se place en arrière-plan de sa vie et reporte chaque année ses projets. Cette attente est interminable. Tant que Sarah ne décidera pas d'agir, elle aura toujours cette sensation de passer à côté de sa vie.

Pourtant, elle peut dès maintenant vivre la vie qu'elle souhaite, sans se ruiner, sans se fatiguer et sans perdre de temps. Un mode de consommation responsable n'est pas plus épuisant qu'un autre. C'est la transition de ce dernier à un autre qui peut l'être, tout simplement parce que cela demande de sortir de sa zone de confort et d'intégrer de nouvelles façons de faire. Heureusement, la période de transition est éphémère.

Si, comme Sarah, vous rêvez de dépenser votre argent pour des choses qui ont vraiment de l'importance et qui sont en accord avec vos valeurs écolos, alors le concept du zéro budget est fait pour vous.

De quoi s'agit-il exactement ? D'un doux mélange entre le mode de vie zéro budget et vos finances personnelles. Autrement dit, vous allez enfin diriger votre argent vers les choses qui comptent vraiment pour vous.

Avec mes conseils pour mieux gérer votre budget, vous vous assurerez de vivre en harmonie avec vos valeurs et de financer vos ambitions, même en étant écolo. L'un n'empêche pas l'autre. Même si vous êtes audacieux.euse, même si vous rêvez d'une vie en grand, même si aujourd'hui vous avez de petits revenus, vous méritez de vivre la vie que vous voulez.

Le budget, c'est la liberté mêlée à la simplicité. C'est l'opportunité de vivre votre meilleure vie, selon vos propres règles du jeu.

Avec la touche zéro déchet, vous allez enfin vous sentir en adéquation avec vos valeurs écolos. Fini les heures passées à culpabiliser après chaque dépense ! Tout est clair. Votre quotidien incarne parfaitement vos aspirations « *green* ».

Envie de vous lancer dans l'aventure du zéro budget ? Alors, voici ce que je vous propose : un livre pratique pour vous accompagner dans votre transition vers un budget écolo au service de votre vie et de la planète.

Vous y trouverez plusieurs grands principes à garder en tête pour une transition douce et responsable selon vos valeurs, vos envies et vos besoins. Mais aussi des défis pratiques pour consommer autrement, soulager notre planète bleue et utiliser votre argent pour vous rendre plus heureux.se.

Avant de poursuivre votre lecture, voici deux choses importantes à garder à l'esprit.

Ne cherchez pas la perfection. Cela ne sert à rien et c'est épuisant. Soyez plutôt curieux.se. Faites des essais. Trompez-vous. Et ajustez vos nouvelles habitudes jusqu'à trouver votre propre équilibre.

Ensuite, osez le sur-mesure. Relevez les défis qui correspondent à vos envies et vos besoins. Il n'est pas nécessaire de tout appliquer en même temps pour ressentir les effets positifs de votre changement de mode de consommation. Vous êtes unique et, pour vous sentir aligné.e avec vos valeurs, c'est votre façon de faire qu'il faut transformer. Pas celle du voisin.

Lancez-vous dans votre objectif zéro budget sans prise de tête, de manière imparfaite, avec légèreté et curiosité. Et bien sûr, amusez-vous ! Vous n'en avez peut-être encore aucune idée, mais un budget, c'est fun, d'autant plus lorsqu'il est écolo.

Sur ce, je vous laisse découvrir la suite.

LES 7 PRINCIPES
DU ZÉRO BUDGET

Quand le budget rencontre l'écologie, on obtient un mélange plutôt sympa. Surtout si vous l'assaisonnez à votre sauce. Pour vous assurer de donner une dimension unique à votre zéro budget, je vous conseille d'intégrer les 7 principes suivants à vos habitudes. Grâce à eux, vous allez créer vos propres règles et vivre votre vie comme vous l'entendez.

1/ DEVENEZ LE PERSONNAGE PRINCIPAL DE VOTRE HISTOIRE

Votre budget est le vôtre. Il doit vous ressembler afin d'être au service de votre vie et devenir l'outil de votre réalisation. Si vous dépensez votre argent pour des choses insignifiantes, vous risquez alors de vous sentir frustré.e, dépassé.e, voire d'avoir la sensation de vivre une vie qui n'est pas la vôtre. Vous êtes le personnage principal de votre histoire, alors donnez-vous la place que vous méritez et dirigez toute votre énergie vers les choses qui ont vraiment de l'importance pour vous.

2/ ENTOUREZ-VOUS DE CE QUI COMPTE VRAIMENT

N'essayez pas d'accumuler des objets parce que vous pensez que vous le devez. Plus vous dépensez de l'argent dans une multitude de choses, plus vous risquez de vous sentir dépassé.e, insatisfait.e, vide, voire pauvre. Libérez-vous des attentes des autres, supprimez le superflu, et concentrez votre énergie uniquement sur ce qui vous apporte le plus de satisfaction.

3/ COLLECTIONNEZ LES EXPÉRIENCES

Le bonheur réside dans les expériences plutôt que dans les biens matériels. Passer un bon moment avec les personnes qui vous sont chères aura bien plus d'effet sur votre bien-être que le dernier gadget à la mode. Ne dépensez plus votre argent dans des futilités, mais plutôt dans des expériences qui resteront à jamais gravées dans votre mémoire.

4/ PENSEZ À LONG TERME

Préférez le durable à l'éphémère, et la qualité au jetable. Vous méritez de vivre dans un environnement beau, fiable et sécuritaire. Entourez-vous de choses durables afin de vous assurer un futur de qualité, qui résistera au passage du temps.

5/ CONSOMMEZ AUTREMENT

Apprenez à trouver votre bonheur dans une consommation plus respectueuse de vos besoins, de vos envies, de votre santé et de l'environnement. Sortez de votre schéma habituel. Soyez curieux.se et allez à la découverte d'autres modes de consommation plus locaux, doux et responsables.

6/ DÉVELOPPEZ VOS COMPÉTENCES MANUELLES

Ne cédez plus à l'apparence de la facilité incarnée par le « tout-fait ». Aujourd'hui, nous ne sommes plus capables de repriser une chaussette trouée, de construire une simple étagère ou encore de préparer notre repas du midi. Il est temps de reprendre confiance en vos capacités manuelles et de remettre la main à la pâte, tranquillement mais sûrement. Faites-vous confiance, vous êtes capable de bien plus que vous ne l'imaginez.

7/ CULTIVEZ LE DOUTE

Si une façon de faire vous semble saugrenue, donnez-lui le bénéfice du doute et demandez-vous pourquoi plusieurs personnes semblent lui accorder autant de valeur. Changer ses habitudes, c'est aussi accepter de faire différemment, et d'être en processus d'apprentissage. Peu importe la direction que vous décidez de prendre, soyez ouvert.e d'esprit et cultivez le doute.

15 DÉFIS
POUR UN BUDGET ÉCOLO
AU SERVICE DE VOTRE VIE

Maintenant que vous connaissez les 7 principes à adopter pour faciliter la transition vers le zéro budget, il est temps de passer à l'action ! Les 15 défis suivants sont là pour vous soutenir et vous montrer comment concrètement allier vos valeurs écolos à votre budget. Relevez les défis qui vous plaisent, dans l'ordre que vous voulez. Rappelez-vous : votre objectif est de composer un zéro budget unique, à votre image.

DÉFI 1
REPRENDRE LE CONTRÔLE

Pour une transition vers un zéro budget à votre image, vous devez maîtriser deux choses : votre situation financière actuelle et vos habitudes de consommation. Cela paraît anodin, mais c'est pourtant la base d'une bonne santé financière.

QUI ÊTES-VOUS AUJOURD'HUI ?

Chacun.e d'entre nous possède un bagage émotionnel et familial lié à l'argent. Il s'est créé lorsque nous étions enfant et s'est développé au fil des années, ce qui a généré de solides habitudes de dépenses, parfois difficiles à déceler. Heureusement pour nous, il existe un excellent moyen pour les repérer : les chiffres.

Les chiffres sont la conséquence de nos habitudes de consommation. Pour les comprendre, regardez vos extraits de compte et classez vos dépenses mensuelles selon quatre catégories : dépenses obligatoires fixes et variables (loyer, électricité, assurances, abonnements, alimentation), dépenses « plaisir » (loisirs, restaurants, vêtements), épargne/investissement et dettes/crédits.

Une habitude étant récurrente, vous pouvez faire cette analyse sur les trois derniers mois afin de faire le tri entre les habitudes de dépenses régulières et les comportements de dépenses exceptionnels.

Votre schéma de dépensier.ère se dessinera rapidement. Pour qu'il soit encore plus visible, je vous conseille de le représenter sous forme de diagramme (voir p. 12). Préparez-vous à vivre quelques déclics importants.

QUI VOULEZ-VOUS ÊTRE DEMAIN ET LES JOURS À VENIR ?

Le budget est le reflet de vos valeurs, de vos besoins et de vos ambitions. Alors, que voulez-vous vraiment faire de votre vie ? Qu'est-ce qui compte pour vous ? Qu'est-ce qui vous apporte du bonheur ? Qu'est-ce qui vous laisse indifférent.e ?

Prenez bien le temps de répondre aux questions du défi qui suit. N'oubliez pas que vous êtes le personnage principal de votre histoire : écoutez-vous. C'est le seul moyen de vivre la vie dont vous rêvez et que vous méritez.

Mon défi zéro budget #1

Je détermine mon schéma de dépensier.ère en analysant la répartition de mes dépenses des trois derniers mois.

MOIS #1

MOIS #2

MOIS #3

Je détermine maintenant de quoi sera fait mon futur.

Quelles sont mes valeurs ? Quels sont mes besoins actuels ?

....

....

....

....

Quels sont mes indispensables sans lesquels je ne peux pas imaginer mon quotidien ?

....

....

....

....

Quels sont mes projets, mes envies, mes ambitions pour les années à venir ?

....

....

....

....

Si j'avais tout l'argent du monde, à quoi ressemblerait une semaine idéale ? Une année idéale ?

....

....

....

....

En fin de vie, quelles seraient les choses que je serais heureux.se d'avoir faites ?

....

....

....

....

DÉFI 2
SUPPRIMER LE SUPERFLU

« Nous achetons des choses dont nous n'avons pas besoin avec de l'argent que nous n'avons pas pour impressionner des gens que nous n'aimons pas. »
– *Fight Club*, Chuck Palahniuk, 1996

Bien que le minimalisme soit de plus en plus à la mode, il est bien loin de s'être généralisé. Preuve à l'appui, d'après l'ADEME (Agence de l'environnement et de la maîtrise de l'énergie), la consommation des ménages français a triplé depuis 1960. Cela explique pourquoi nos foyers débordent de choses, sans nous apporter autant de satisfaction que nous l'avions espéré.

Le marketing et la pression sociale nous ont motivé.e.s à acheter davantage de choses, en nous faisant croire que notre niveau de bonheur augmenterait proportionnellement. Choisir d'en avoir trop, c'est en fait se disperser, diviser ses ressources et s'éloigner de ce qui compte vraiment.

Au contraire, en avoir peu, c'est sélectionner méticuleusement les choses qui ont le plus d'importance pour vous. Pour supprimer le superflu, voici ce que vous pouvez faire.

1/ DÉSENCOMBREZ VOTRE LOGEMENT

Commencez par vous libérer de toutes ces choses que vous utilisez trop peu ou que vous n'utilisez pas du tout. À chaque pièce triée, prenez conscience de tout ce que vous avez accumulé, de l'argent que vous avez dépensé et des ressources que vous avez engagées.
Pour vous aider, vous pouvez utiliser les tableaux p. 16.

2/ DÉSENCOMBREZ VOTRE COMPTE EN BANQUE

Faites le point du côté de vos extraits de compte et supprimez définitivement toutes les dépenses superflues (abonnements, assurances, etc.). Dans la même idée, optimisez toutes vos dépenses récurrentes en faisant jouer la concurrence (électricité, gaz, abonnements, assurances, etc.).

3/ DÉSENCOMBREZ VOS SOURCES D'INFLUENCE

Réglez le problème à la source en vous libérant des tentations d'achat. Regardez bien autour de vous, un grand nombre de nos achats sont en réalité faits sous influence. C'est d'ailleurs pour cette raison qu'ils ne nous correspondent pas toujours et que nous avons tendance à les regretter.

L'influence qui nous pousse à l'achat est omniprésente. Elle est tellement bien intégrée à notre quotidien que nous ne la voyons même plus. Elle arrive le matin dans nos boîtes mail, elle pointe le bout de son nez sur les comptes Instagram des personnes que nous suivons, elle s'affiche dans la rue, et elle s'installe confortablement aux repas de famille.

Pour se libérer de l'influence d'achat, il faut d'abord s'en rendre compte. À la p. 17, vous trouverez un journal de bord de vos influences. Pendant deux semaines, notez-les toutes. Profitez-en également pour faire le ménage, en vous désabonnant des newsletters promotionnelles, des comptes Facebook, Instagram, Twitter, etc. Vous pouvez aussi coller une étiquette « Stop Pub » sur votre boîte aux lettres ou encore vous habituer à dire « non » lorsqu'on vous propose quelque chose qui ne vous intéresse pas.

En plus de vous influencer à consommer des choses dont vous n'avez pas réellement besoin, chaque année, l'ADEME estime que près de 900 000 tonnes de papier sont gaspillées pour la fabrication de prospectus. Côté numérique, elle recense entre 8 et 10 milliards de mails (hors spams) échangés dans le monde, en seulement une heure. En choisissant de ne plus les recevoir, vous serez non seulement moins tenté.e par des achats impulsifs, mais vous ferez aussi un geste pour la planète.

Mon défi zéro budget #2

Donner, vendre et recycler : retrouvez la liste des bonnes adresses p. 19.

OBJET	DONNER (à qui ?)	VENDRE (combien, où ?)	RECYCLER (où ?)

DÉPENSES À SUPPRIMER OU OPTIMISER	ÉCONOMIES MENSUELLES	ÉCONOMIES ANNUELLES

JOURNAL DE MES INFLUENCES

Je détermine et trie mes sources d'influence.

Je me fais influencer par qui ?	À acheter quoi ?	À quel prix ?	Pour quelles raisons ?
....	....	....	....
....	....	....	....
....	....	....	....
....	....	....	....
....	....	....	....
....	....	....	....
....	....	....	....
....	....	....	....
....	....	....	....
....	....	....	....
....	....	....	....
....	....		....

DÉFI 3
LIMITER L'ACHAT DU NEUF

Je sais bien que vous aimez vous faire plaisir et acheter des bricoles. Moi aussi, j'aimais beaucoup cela. Jusqu'à ce que je me rende compte que toutes ces babioles me coûtaient cher, qu'elles m'apportaient finalement peu de plaisir et qu'elles avaient un impact négatif sur la planète. Une vraie douche froide qui est venue bousculer mes habitudes de surconsommatrice.

Nous sommes bien loin de nous imaginer le poids réel de tous nos biens de consommation et, pourtant, il pèse lourd dans la balance.

LA CONSOMMATION FRANÇAISE EN SURPOIDS

D'après l'ADEME et le média QQF (Qu'est-ce qu'on fait ?)...

En moyenne, on trouve **99 équipements électriques et électroniques** par foyer français.

Le poids cumulé de tous nos objets à la maison équivaut à environ **1 hippopotame** (soit 2,5 tonnes).

Pour les produire, il a fallu mobiliser 45 tonnes de matière, soit **18 hippopotames**.

Multiplication par 3 depuis 60 ans des dépenses faites par les Français.e.s pour l'achat de biens de consommation. En 1960, les Français.e.s dépensaient 5 281 €, contre 16 570 € aujourdhui.

Défi « Rien de neuf »

Pour éviter de dépenser de l'argent et des ressources inutilement, il y a une chose toute simple que vous pouvez faire : limiter l'achat du neuf.

Mettez-vous au défi de consommer de manière responsable en utilisant des ressources déjà existantes. Aujourd'hui, l'achat de seconde main a le vent en poupe. Dites-vous que tout se trouve d'occasion. Il suffit de sortir de son schéma habituel de consommation. D'ailleurs, la seconde main n'est pas la seule option. Vous pouvez très bien réparer vos anciens objets, mutualiser, échanger ou vous faire prêter les ressources dont vous avez besoin auprès de vos proches ou de vos voisins. Bref, vous avez une multitude de possibilités.

Mes bonnes adresses

- Dons d'objets entre particuliers : **www.geev.com**
- Alternatives au neuf : **www.riendeneuf.org/les-alternatives**
- Partages, achats d'occasion, réparations, dons et reventes : **www.longuevieauxobjets.gouv.fr**
- Vide-greniers et brocantes : **brocabrac.fr**
- Achat et vente de seconde main : **www.leboncoin.fr**
- Tri, partage et recyclage : **www.eco-mobilier.fr**

Contrairement à ce qu'on peut croire, il est tout à fait possible de trouver son bonheur sans sortir sa carte bleue. Pour chacune des choses que vous avez l'habitude de payer, il existe une alternative gratuite. Je vous en parlerai davantage dans les prochains défis mais, pour l'instant, je laisse votre imagination faire le travail de recherche.

Attention cependant à ne pas retomber dans le piège de la suconsommation. Le prix de la seconde main étant très bas, il est très tentant de vouloir acheter plus. Rappelez-vous que votre défi est de vous entourer uniquement de ce dont vous avez réellement besoin.

MAÎTRISER SES PULSIONS D'ACHAT

Si vous sentez une pulsion d'achat vous envahir, imposez-vous la règle d'attendre au moins 24 heures avant d'acheter (même si c'est responsable et bon marché). Plus vous mettrez de la distance physique et mentale avec votre achat, plus l'euphorie du moment redescendra. Votre côté rationnel pourra alors reprendre le dessus et vous donner les moyens de prendre une décision éclairée.

Pour ne perdre aucune miette de vos envies et prendre conscience de vos pulsions, vous pouvez compléter le tableau à la page suivante.

Défi « Rien du tout »

Vous en avez certainement assez. Vous n'avez pas besoin de plus. Inversez la tendance. Appréciez ce que vous avez et surconsommez plutôt les moments de qualité avec vos proches.

Mon défi zéro budget #3

Je crée la liste de mes envies.

JE VEUX...	BESOIN ?	ENVIE ?	RÈGLE DES 24 H (minimum)	DÉFI RIEN DE NEUF
Un jean		✔	*Je me décide samedi prochain.*	*- Achat de seconde main.* *- Échange de vêtements.*

DÉFI 4
LUTTER CONTRE LE GASPILLAGE ALIMENTAIRE

L'alimentation est bien souvent le deuxième poste de dépenses après le loyer. Pas étonnant que de nombreuses personnes s'intéressent à le réduire le plus possible.

Mais le problème est souvent traité à l'envers. En essayant coûte que coûte de dépenser le moins possible, nous nous éloignons de la vraie solution : consommer autrement. Pour faire des économies conséquentes sur nos dépenses alimentaires, il faut éviter le gaspillage et repenser notre façon globale de consommer la nourriture.

Nous nous sommes habitué.e.s à acheter trop, à stocker plus que nous en avons réellement besoin, à nous lasser rapidement, à moins préparer nos repas et à jeter facilement la nourriture parce qu'elle a dépassé la date de péremption ou tout simplement parce qu'elle ne nous fait plus envie.

Le gaspillage alimentaire est bel et bien présent. Selon l'ADEME et la start-up anti-gaspillage Phenix, **10 millions de tonnes de nourriture** sont jetées chaque année en France, ce qui représente 16 milliards d'euros. Toute cette nourriture jetée pourrait nourrir **10 millions de personnes**, soit un peu plus que le nombre de personnes en dessous du seuil de pauvreté en France.

Ces chiffres paraissent énormes. Si l'on retranscrit tout cela à l'échelle individuelle, voici ce que cela donne : chacun.e d'entre nous jette **29 kg de nourriture** par an, soit l'équivalent de **100 € perdus**. En dehors du gâchis alimentaire, nous gaspillons aussi l'énergie et les ressources qui ont été mobilisées pour produire, transporter et stocker cette nourriture. Et, cerise sur le gâteau, nous perdons aussi de l'argent.

RÉGLER LE PROBLÈME À LA SOURCE

Pour diminuer drastiquement ce gaspillage multiple et dépenser moins, il suffit de réapprendre à manger selon ses besoins et ses envies. Pour ce défi, je vous propose de régler le problème à la source en suivant les 4 étapes suivantes.

1. Faites régulièrement l'inventaire de vos réserves alimentaires (placards, congélateur et réfrigérateur).
2. Déterminez tous les menus de la semaine à venir (petit déjeuner, déjeuner, goûter, dîner) pour vous assurer de manger ce que vous aimez, de gagner du temps et d'acheter uniquement les quantités nécessaires.
3. Rédigez une liste de courses en fonction des choses dont vous avez besoin et que vous n'avez pas déjà. C'est là que vous comprendrez la puissance de l'inventaire et des menus de la semaine.
4. Faites vos courses une fois par semaine en respectant votre liste (et ne vous laissez pas avoir par les offres promotionnelles dont vous n'avez pas besoin).

LIMITER LE GASPILLAGE 2.0

Voici quelques applications mobiles disponibles pour en finir avec le gaspillage alimentaire.

- **Too Good To Go :** panier d'invendus à prix cassés.
- **Linkee :** bénévolat et distribution d'invendus ou de surplus.
- **Frizor :** inventaire 2.0 de votre congélateur.
- **Frigo Magic :** plats faciles en fonction des restes du frigo.
- **HopHopFood :** dons de nourriture entre particuliers.

Mon défi zéro budget #4

Je limite le gaspillage alimentaire en m'organisant.

MON INVENTAIRE		
Mes placards	*Mon réfrigérateur*	*Mon congélateur*

Ma liste de courses

N.B. : pour limiter le gaspillage de papier, rédigez votre liste de courses sur du papier déjà utilisé (dos de tickets de caisse, enveloppes usagées) ou dans les notes de votre téléphone.

MES MENUS DE LA SEMAINE	
Lundi	*Matin :* *Midi :* *Goûter :* *Soir :*
Mardi	*Matin :* *Midi :* *Goûter :* *Soir :*
Mercredi	*Matin :* *Midi :* *Goûter :* *Soir :*
Jeudi	*Matin :* *Midi :* *Goûter :* *Soir :*
Vendredi	*Matin :* *Midi :* *Goûter :* *Soir :*
Samedi	*Matin :* *Midi :* *Goûter :* *Soir :*
Dimanche	*Matin :* *Midi :* *Goûter :* *Soir :*

Pour télécharger gratuitement ces documents, rendez-vous sur :
www.riche-au-feminin.com/zero-budget.

DÉFI 5
MIEUX MANGER

Depuis une cinquantaine d'années, notre alimentation a beaucoup évolué. Nous cuisinons de moins en moins et préférons nous rassasier lors de repas pris à l'extérieur. Le sucre, le gras, le sel, les additifs (et j'en passe) sont omniprésents dans notre alimentation. Nous sommes aussi friand.e.s de plats préparés ou transformés, voire ultratransformés, qui sont loin d'être des atouts pour notre santé. Sans oublier que la production alimentaire génère des émissions de gaz à effet de serre, crée de nombreux déchets (emballages) et mobilise beaucoup de ressources énergétiques (transport, électricité, stockage réfrigéré).

Le bilan n'est pas très réjouissant. Heureusement pour nous, il est tout à fait possible de manger des aliments de qualité, abordables et produits dans le respect de l'environnement. Encore une fois, il suffit de laisser quelques mauvaises habitudes de côté et d'en adopter d'autres, bien meilleures.

Mes « bio »-préjugés

« Le bio, c'est cher. » Oui, ça l'est si vous achetez exactement la même chose que ce que vous avez l'habitude de vous procurer en grande surface (surconsommation de nourriture et de produits transformés). Cependant, si vous modifiez votre façon de consommer en appliquant le défi #4, vous constaterez que, finalement, le bio est bien plus accessible que vous ne le pensiez (et excellent pour votre santé).

DANS VOTRE ASSIETTE	DANS VOTRE PANIER DE COURSES
Mangez des fruits et légumes de saison bourrés de saveur, qui répondent à vos besoins nutritionnels du moment. Calendrier mois après mois : **www.greenpeace.fr/guetteur/calendrier**	Optez pour des ingrédients de qualité, produits de manière vertueuse et moins énergivore. Privilégiez les circuits courts en allant directement chez le producteur, dans les coopératives de producteurs, au marché ou dans les magasins bio. Trouvez un producteur dans votre ville ou près de chez vous : **www.reseau-amap.org** **www.mon-panier-bio.com** **www.laruchequiditoui.fr**
Privilégiez les plats végétariens à base de protéines végétales comme les légumineuses, qui demandent moins d'énergie et d'engrais que les protéines animales. Plats végétariens : **www.cuisinepop.com** Recette de tofu magique : **loouniecuisine.com** Desserts véganes délicieux : **www.sweetandsour.fr**	Diminuez drastiquement vos déchets en consommant des produits sans emballage ou en achetant directement vos produits en vrac. Si vous optez pour cette option, apportez vos contenants (bocaux, récipients, sacs en toile, taies d'oreiller, etc.). Trouvez un magasin de vrac près de chez vous : **cartovrac.fr**
Hydratez-vous en buvant de l'eau du robinet et bannissez les boissons sucrées qui en veulent à votre taux de cholestérol, et qui créent trop de déchets (tout comme l'eau minérale en bouteille).	N'achetez plus ce que vous pouvez produire vous-même. Si vous avez de la place, pourquoi ne pas vous lancer dans un potager ou héberger quelques poules ? Formez-vous en permaculture : **www.guidenaturabio.com**

Mon défi zéro budget #5

Je liste au moins 12 recettes végétariennes à base de légumes de saison, que je veux apprendre à cuisiner.

JANVIER : ....
FÉVRIER : ....
MARS : ....
AVRIL : ....
MAI : ....
JUIN : ....
JUILLET : ....
AOÛT : ....
SEPTEMBRE : ....
OCTOBRE : ....
NOVEMBRE : ....
DÉCEMBRE : ....

Je crée une nouvelle routine de consommation douce.

Mes magasins et producteurs bio préférés :

Je teste le vrac et je compare les prix.

Mes achats :	*Prix au kg :*

DÉFI 6

ÉLIMINER LE JETABLE DE SA CUISINE

Le jetable crée des dépenses non nécessaires et des déchets sans fin. Il est facile de les oublier, mais les contenants alimentaires et consommables emballés sont des dépenses (trop) récurrentes bien présentes dans nos budgets. Un excellent moyen de les éliminer de notre budget mensuel est d'opter pour leur version durable.

Imaginez ne plus avoir à acheter de bouteilles d'eau, de dosettes de café, de sachets de thé, de papier d'aluminium, de papier sulfurisé ou d'essuie-tout. Imaginez ne plus devoir les jeter à la poubelle. Imaginez faire un achat une seule fois et ne pas avoir à le renouveler pendant plusieurs mois (voire plusieurs années pour certains produits).

Pour ce défi, rien de plus simple : utilisez jusqu'à la fin vos emballages, contenants et consommables jetables et remplacez-les ensuite par une option durable de votre choix. La règle est de les renouveler uniquement lorsque vous en avez réellement besoin. Utilisez donc vos produits jetables jusqu'à leur dernier souffle avant de faire entrer leur remplaçant.

Pour vous aider à bien les choisir, voici quelques exemples d'options durables que vous pourrez trouver non seulement dans des magasins bio ou en vrac, mais aussi dans des vide-greniers, des brocantes, des braderies, les placards de vos proches ou des magasins de seconde main (pour les bonnes adresses, voir le défi #3).

PASSER DU JETABLE AU DURABLE

MES CONTENANTS ET EMBALLAGES JETABLES	MES ALTERNATIVES DURABLES
Essuie-tout et serviettes en papier	Torchons, microfibres, serviettes en tissu, un vêtement usagé découpé en petits carrés.
Papier d'aluminium et films alimentaires	Torchons, sacs en toile, récipients en verre, *bee wrap* (pour les fabriquer soi-même, des tutoriels sont disponibles sur YouTube).
Récipients en plastique	Contenants en verre en tout genre : réutilisez vos pots de moutarde, confiture, cornichons, etc.
Sacs de congélation en plastique	Sacs de congélation en tissu ou contenants en verre (ne les remplissez pas complètement).
Pailles en plastique	Pailles en inox.
Papier sulfurisé	Feuilles ou tapis de cuisson réutilisables.
Bouteilles et tasses en plastique	Gourdes en inox, bouteilles en verre, thermos et tasses réutilisables.
Sacs-poubelle	Compost. Vous pouvez créer vos propres sacs-poubelle pour les déchets alimentaires avec du papier journal (tutoriels disponibles sur YouTube).

MES CONSOMMABLES JETABLES	MES ALTERNATIVES DURABLES
Sachets de thé et tisane	Thé et tisane en vrac. Infuseur de type boule à thé ou théière avec filtre réutilisable.
Dosettes de café	Café en grains en vrac. Cafetière sans filtre et sans capsule (cafetière italienne ou à piston). Si vous avez déjà une machine à café à dosettes ou une cafetière à filtre, adoptez des capsules rechargeables ou des filtres réutilisables ou compostables.
Bouteilles d'eau en plastique	Eau du robinet à boire telle quelle ou à purifier avec un filtre, des perles de céramique ou du charbon végétal activé.

Mon défi zéro budget #6

Je trouve des alternatives au jetable.

J'utilise souvent des	que je vais remplacer par	et me procurer chez
....	....	....
....	....	....
....	....	....
....	....	....
....	....	....
....	....	....
....	....	....
....	....	....
....	....	....
....	....	....
....	....	....
....	....	....
....	....	....
....	....	....

DÉFI 7
PRENDRE SOIN DE SON CORPS

DÉTOXIFIER SA PEAU

La peau est notre plus grand organe. Elle nous enveloppe, nous protège et repousse les menaces. La chouchouter est donc primordial si vous souhaitez qu'elle reste votre fidèle et loyal garde-fou.

Une menace que vous pouvez bannir à jamais est celle des cosmétiques traditionnels à composition douteuse. Selon l'UFC (Union fédérale des consommateurs), l'application quotidienne et répétée de ces produits industriels nous expose à des molécules toxiques (allergènes, irritants, perturbateurs endocriniens, etc.), qui sont en partie responsables depuis plusieurs années de l'augmentation de divers troubles et pathologies (cancers hormonodépendants, infertilité, diabète, etc.).

Côté environnement, le bilan est également lourd (composants polluants rejetés dans l'eau et l'air, déchets difficilement recyclables, etc.). Tout est lié : si un maillon de la chaîne est touché négativement, les autres n'y échapperont pas.

Alors faut-il arrêter de prendre soin de sa peau ?

Non. Prendre soin de sa peau est non négociable. D'abord parce qu'il le faut, et ensuite parce que c'est très agréable. Quelles sont donc nos options ? Une seule, qui est aujourd'hui très accessible et parfois moins chère que les produits traditionnels présents sur le marché : le bio.

En choisissant le bio, vous signez pour des produits non polluants et respectueux de la santé, de la biodiversité et des équilibres naturels, et qui sont bien souvent emballés dans des contenants recyclables.

DES OPTIONS À GOGO

Remplacez tranquillement et définitivement tous vos produits à composition douteuse par des produits bio. Vous pouvez soit les acheter tout faits, ou alors les composer vous-même, avec parfois très peu d'ingrédients.

MES COSMÉTIQUES TRADITIONNELS	MES ALTERNATIVES ÉCOLOS
Démaquillant pour visage, masque nourrissant pour corps et cheveux	Huile végétale bio : huile d'olive, de jojoba, de noisette, de coco, d'avocat, d'abricot, d'amande, de ricin, d'argan.
Lingettes démaquillantes jetables	Lingettes démaquillantes réutilisables en coton.
Cotons-tiges	Cure-oreilles écologiques en bois, par exemple Oriculi.
Nettoyant pour visage	Poudres lavantes bio : argile verte, blanche ou rouge, rhassoul.
Shampoing	Shampoing solide et après-shampoing avec du vinaigre de cidre bio. Espacez en douceur vos shampoings pour habituer vos cheveux à graisser moins vite.
Shampoing sec	Fécule de maïs pour les cheveux clairs ou cacao bio en poudre pour les cheveux plus foncés.
Gel douche	Savon solide.
Crème hydratante	Gel d'aloe vera.
Déodorant	Déodorant naturel solide ou fait maison à base de bicarbonate de soude et d'eau.

DÉTOXIFIER SES RÈGLES

Selon le journal *Le Monde*, une femme aura ses règles en moyenne pendant **39 années**, ce qui représente près de **500 cycles menstruels** et l'équivalent de 3 800 € dépensés dans l'achat de protections hygiéniques et d'anti-douleurs. À l'échelle d'une vie, ce rendez-vous mensuel a finalement un coût plutôt impressionnant.

Parce que tout est lié, à cela s'ajoute un bilan environnemental peu glorieux. Selon consoGlobe, une femme utilisera et donc jettera entre **10 000 à 15 000 produits menstruels**, qui mettront environ **500 ans** à se décomposer, soit autant de temps qu'une bouteille en plastique.

Pour alléger votre bilan financier et environnemental tout en prenant soin de votre santé, adoptez des protections menstruelles durables. Elles sont plus chères à l'achat que des protections jetables, mais valent le coût sur le long terme.

MES PROTECTIONS JETABLES	MES ALTERNATIVES DURABLES
Serviettes hygiéniques	Culottes menstruelles ou serviettes hygiéniques lavables.
Tampons	Coupes menstruelles.

Prendre soin de soi 2.0 :
- composition des cosmétiques : **laveritesurlescosmetiques.com**
- application **Clean Beauty**

Chaînes YouTube :
- La Petite Gaby
- Julien Kaibeck
- Alys Boucher

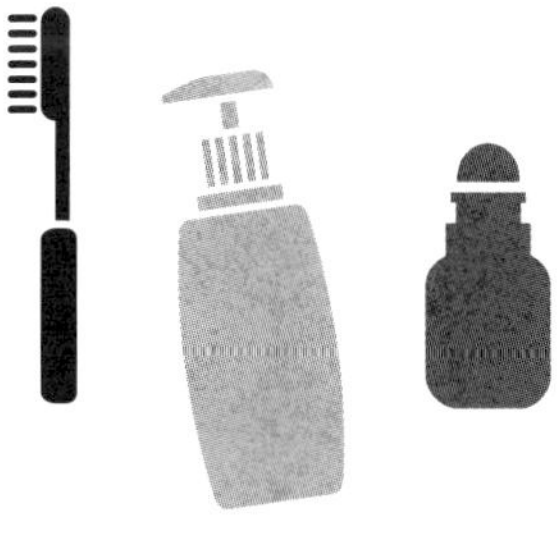

Instagram :
- @biotenaturelle
- @envertetcontretout
- @girl_go_green

Mon défi zéro budget #7

J'optimise mes dépenses pour mes cosmétiques.

Je dépense en moyenne : .... € par mois pour mes cosmétiques et .... € pour mes protections hygiéniques.

J'AIME UTILISER (COSMÉTIQUE TRADITIONNEL)...	QUE JE VAIS REMPLACER PAR CE PRODUIT BIO ET/OU FAIT MAISON...	QUI COÛTE...

J'ai l'habitude d'utiliser (protection pour les règles) ....
que je vais remplacer par ce produit bio et/ou durable ....
qui me coûte .... € par mois.

DÉFI 8
FAIRE LE MÉNAGE AU NATUREL

Nos armoires débordent de toutes sortes de produits d'entretien. À tort, nous pensons que pour atteindre la propreté désirée, chaque surface a besoin d'être astiquée avec un produit bien spécifique.

Niveau propreté, il est vrai que les produits ménagers traditionnels décapent et apportent la brillance recherchée. Mais, tout comme les cosmétiques, ils possèdent une face cachée peu glorieuse, que ce soit pour notre santé ou pour l'environnement.

D'après le média QQF, du côté de la santé, les risques de cancers, d'asthme, de vertiges, d'irritations, de nausées, d'inflammation des muqueuses, de difficultés respiratoires, d'allergies ont un lien avéré avec l'utilisation des produits ménagers traditionnels.

Du côté de l'environnement, le rejet des substances chimiques après l'usage du produit pollue l'air et l'eau. Malheureusement, après leur utilisation, ces produits ne disparaissent pas. Ils s'évacuent par les eaux usées en direction des stations d'épuration qui ne parviennent pas à éliminer toutes les molécules chimiques. Par conséquence, l'eau polluée rejoint le milieu naturel.

Un vrai effet boomerang : nous retrouvons tout ce que nous évacuons un peu plus tard, que ce soit sur notre peau, dans notre corps, dans l'air qu'on respire, ou encore dans notre assiette.

Environnement, humain et budget sont tous liés. S'il y a un élément néfaste dans l'équation, tous les autres seront également touchés. Au contraire, un élément positif peut inverser la tendance et créer un cercle vertueux.

Pour ce défi, je vous propose donc de créer un cercle vertueux en adoptant des produits d'entretien naturels, efficaces, multiusages, économiques et respectueux de votre santé et de l'environnement.

LES INDISPENSABLES POUR FAIRE BRILLER VOTRE FOYER AVEC TROIS FOIS RIEN

PRODUIT D'ENTRETIEN NATUREL	FONCTION
Vinaigre blanc	Désinfecte, désodorise et enlève le calcaire.
Savon noir	Dégraisse, détache et nettoie.
Savon de Marseille	Nettoie la vaisselle et le linge.
Bicarbonate de soude	Désodorise, nettoie et récure les éviers, robinets, cuisinière et baignoire.
Cristaux de soude	Enlève les taches.
Percarbonate de soude	Dégraisse et blanchit.
Citron ou acide citrique	Détartre, nettoie, désodorise et enlève le calcaire.

N.B. : ces produits sont à utiliser avec précaution. N'hésitez pas à mettre des gants et un masque lorsque vous les manipulez.

LES ACCESSOIRES DURABLES INDISPENSABLES

MES ACCESSOIRES JETABLES	MES ALTERNATIVES DURABLES
Éponges, torchons et serpillères	Éponges luffa, tawashi, ou microfibres.
Brosses à vaisselle en plastique	Brosses à vaisselle en bois à tête changeable.

TOP 4 DES RECETTES ULTRASIMPLES

- Nettoyant multisurface : dans un pulvérisateur, mélangez 1 tiers de vinaigre blanc avec 2 tiers d'eau (optionnel : peaux d'agrumes). Pour plus d'efficacité, versez un demi-litre de vinaigre blanc pour un demi-litre d'eau.
- Liquide vaisselle : frottez votre éponge sur 1 bloc de savon de Marseille.
- Désodorisant : saupoudrez un peu de bicarbonate de soude à l'endroit d'où provient la mauvaise odeur (chaussure, litière, coupelle dans le réfrigérateur).
- Lessive : 4 doses de copeaux de savon de Marseille, 2 doses de cristaux de soude et 1 dose de bicarbonate de soude (soit pour 340 g de copeaux de savon de Marseille, 170 g de cristaux de soude et 85 g de bicarbonate de soude). Remplacez l'adoucissant par 1 à 2 bouchons de vinaigre blanc.

N.B. : si vous ne souhaitez pas réaliser vos mélanges vous-même, vous pouvez acheter les produits tout faits dans des magasins bio.

Pour découvrir d'autres recettes :

www.jedeviensecolo.fr
www.famillezerodechet.com
www.consommonssainement.com

Mon défi zéro budget #8

« *Less is more* – moins, c'est mieux. »

Je remplace	par	qui me coûte	pour faire cette recette	et j'économise
....	....	....	....	....
....	....	....	....	....
....	....	....	....	....
....	....	....	....	....

DÉFI 9

RÉDUIRE SA FACTURE D'EAU ET D'ÉLECTRICITÉ

Il est bien difficile de croire que l'eau et l'électricité sont des ressources limitées, voire menacées. Nous ouvrons un robinet et l'eau coule à flots. Nous allumons un interrupteur et c'est toute une pièce qui s'éclaire en moins d'une fraction de seconde. La seule chose que nous avons à faire est de payer en échange de ce service.

Depuis plusieurs années, notre consommation d'eau et d'électricité ne cesse d'augmenter, ce qui entraîne bien souvent le gaspillage de ces ressources.

Pour vous donner quelques chiffres issus du média QQF, un.e Français.e utilise en moyenne **148 litres d'eau** par jour, que ce soit pour se laver, faire une lessive, tirer la chasse d'eau, cuisiner, boire, faire la vaisselle ou encore arroser ses plantes. D'après l'OMS, on parle de gaspillage au-delà de 100 litres d'eau par jour. Et parce que l'eau est de plus en plus demandée, et par la même occasion de plus en plus traitée, son prix augmente.

Côté énergie, l'Insee recense qu'en 2016, un foyer dépensait en moyenne **960 € en électricité**. L'eau chaude et le chauffage sont les deux plus grands consommateurs d'énergie, suivis des appareils électriques et électroniques.

Bref, notre consommation affecte la production de ces ressources et nous coûte cher. Mais encore une fois, il y a plusieurs solutions très simples que vous pouvez mettre en place. Pour ce défi, je vous propose de jouer au bingo revisité.

Mon défi zéro budget #9

Je crie « bingo » une fois toutes les actions complétées.

B	I	N	G	O
Je traque les fuites d'eau.	J'éteins mes appareils.	Je tire la chasse d'eau après 3 ou 4 utilisations.	Je laisse sécher mon linge à l'air libre.	J'installe un mousseur sur tous mes robinets (moins de 5 € en quincaillerie).
Je prends une douche de la durée de ma chanson préférée (3 minutes top chrono).	Je débranche les chargeurs que je n'utilise pas.	Je mets un couvercle lorsque je fais bouillir de l'eau dans une casserole.	Je remplace mes ampoules usagées par des ampoules LED.	Je baisse le chauffage de 1 °C lorsque je m'absente.
J'urine sous la douche.	Je coupe le wifi avant de me coucher ou de partir au boulot.	**FUN Version zéro budget**	J'installe une chasse d'eau à double commande.	J'installe un récupérateur d'eau de pluie pour arroser mes plantes.
Je coupe l'eau lorsque je me lave les dents, me savonne les mains ou me rase.	Je lave mon linge à basse température.	Je programme le chauffage à 17 °C dans ma chambre.	J'installe dans le fond du réservoir des toilettes une bouteille d'eau remplie pour économiser de l'eau.	Je change de fournisseur pour une électricité verte.
Je programme le chauffage à 19 °C dans les pièces à vivre.	Je m'équipe d'un pommeau de douche économique.	J'éteins mes multiprises.	J'installe un mitigeur thermostatique sur mes robinets.	Je conserve et réutilise l'eau de cuisson de mes pâtes.

N.B. : les prix et les services pour une éléctricité plus verte sont très compétitifs. Voici deux comparateurs : **www.guide-electricite-verte.fr** et **comparateur-offres.energie-info.fr**.

DÉFI 10

JURER FIDÉLITÉ À SES GADGETS

« Quand on pense qu'il suffirait que les gens arrêtent de les acheter pour que ça ne se vende plus ! » – Coluche, « Misère », 1978.

Télévision, téléphone, ordinateur, réfrigérateur, machine à laver, montre connectée, tablette, console de jeux vidéo, liseuse, robot multifonction, machine à pain... la liste peut être bien plus longue. De simples envies, ils sont rapidement entrés dans la catégorie des besoins indispensables. Et pour certain.e.s, il est même devenu impossible de vivre sans eux.

Comment en sommes-nous arrivé.e.s là ? Grâce à deux alliés inséparables : le marketing et l'obsolescence programmée (durée de vie limitée d'un bien de consommation). Ces deux acolytes opèrent en duo et nous poussent à renouveler fréquemment nos biens.

L'EFFET PAPILLON VERSION 2.0

Même si le design doux et épuré de nos gadgets préférés nous laisse croire qu'ils n'ont nécessité aucune ressource ou énergie pour apparaître entre nos mains, c'est en fait tout le contraire. Le processus de production est le plus coûteux et le plus polluant. Rappelez-vous des 18 hippopotames qu'il a fallu mobiliser pour que vous puissiez accueillir vos différents biens de consommation chez vous.

ZOOM SUR NOTRE GADGET PRÉFÉRÉ : LE SMARTPHONE

D'après le média QQF...

7 milliards vendus dans le monde depuis 2007.

Jusqu'à **70 matériaux** et **50 métaux** différents dans sa composition.

180 étapes pour produire les composants électroniques.

Une fabrication qui engendre une **exploitation humaine**.

Cycle de vie moyen : **18 mois**.

Plutôt déprimant, je vous l'accorde. Bonne nouvelle : nous avons bien plus de pouvoir d'action que nous le pensons. Pour annuler cet effet papillon à tous les niveaux, vous pouvez intégrer quatre réflexes zéro budget à votre vie. Ne vous inquiétez pas, ces mesures ne vous demanderont pas d'aller vous isoler dans les montagnes en délaissant vos gadgets préférés. Au contraire, ils intègrent parfaitement bien nos styles de vie urbains et connectés.

1/ ADOPTEZ UNE APPROCHE MINIMALISTE

La meilleure économie est la dépense qu'on ne fait pas. Vous êtes certainement déjà (sur)équipé.e et avez tout ce qu'il vous faut pour vivre confortablement.

2/ DONNEZ UNE LONGUE VIE À VOS GADGETS

Entretenez et occupez-vous régulièrement de vos accessoires préférés : éteignez-les quand vous ne les utilisez pas, changez les pièces défectueuses de vos appareils, et réparez-les aux premiers signes de dysfonctionnement. Utilisez la garantie légale de conformité qui s'étend jusqu'à deux ans après votre achat.

3/ ATTEIGNEZ L'OBJECTIF ZÉRO PRODUCTION

Envie ou besoin d'un nouveau gadget ? Dans ce cas-là, achetez-le reconditionné ou de seconde main, ou procurez-le-vous gratuitement. Vous avez une multitude d'options : dons, vente en ligne entre particuliers, vide-greniers, brocantes, recycleries, ressourceries, associations, etc.

N.B. : la seconde main n'est pas toujours la meilleure des solutions, notamment pour les appareils électroménagers. Les nouveaux modèles étant plus efficaces en termes de consommation d'énergie, il est important de bien comparer avant d'acheter.

4/ OFFREZ-LEUR UNE FIN DE VIE RESPONSABLE

Lorsque vos gadgets arriveront en fin de vie, vous pourrez vous en séparer de manière responsable en les recyclant : **www.ecologic-france.com**.

Mes bonnes adresses

- Reconditionnement : **www.backmarket.fr**
- Revente : **www.label-emmaus.co**, **www.leboncoin.fr**, **vide-greniers.org**
- Réparation : **ressourceries.info**, **www.montremoicomment.com/recup-relook**, **www.commentreparer.com**, **www.repaircafeparis.fr**
- Donner et recevoir gratuitement : **www.geev.com**

La boucle est bouclée. En utilisant vos accessoires le plus longtemps possible, vous diminuez la demande de production générale, et vous augmentez votre pouvoir d'achat tout en déjouant les stratégies des fabricants peu scrupuleux.

Mon défi zéro budget #10

J'offre une longue vie à mes gadgets.

MON/MA ... EST MOINS PERFORMANT	POUR LE/LA GARDER EN VIE PLUS LONGTEMPS, JE PEUX...

Je complète ma liste des envies (voir défi #3, p. 21).

DÉFI 11
CRÉER SA GARDE-ROBE OPTIMALE

Nous en avons trop. Trop de choix dans nos armoires, trop de nouvelles collections, trop de choix dans les magasins... Malgré la quantité de vêtements que nous possédons, et le fait que nous n'en portons qu'une toute petite partie, nous ressentons le besoin d'acheter en permanence. Nos envies sont devenues éphémères et nous ressentons une pression constante des marques lors des sorties des nouvelles collections. Parce que tout est lié, nos comportements d'achat ont un coût financier et environnemental important.

LA MODE, CETTE USINE À POLLUTION

Selon l'ADEME et le média QQF...

La mode est l'une des industries **les plus polluantes** au monde.

100 milliards de vêtements sont vendus chaque année (2 fois plus qu'il y a 15 ans).

9,2 kg de vêtements et chaussures sont achetés par un.e Français.e chaque année.

Il faut l'équivalent de **285 douches** pour produire 1 jean.

En tant qu'ancienne accro du shopping, je vous promets qu'il existe des solutions pour continuer à bien vous habiller et à vous faire plaisir, tout en limitant votre impact environnemental et sans y passer tout votre budget.

1/ FAITES DU SHOPPING MAISON

Je suis prête à parier que vos placards débordent de merveilles. Lancez-vous dans un tri, composez des tenues complètes avec vos vêtements préférés et libérez-vous du superflu (dons, échanges, reventes). Pour booster votre efficacité matinale et ne plus jamais être en panne d'inspiration, prenez en photo vos tenues préférées.

Pour les dépôts, dons et le recyclage : voir défi #3 p. 21 et **refashion.fr**, **www.geev.com**.

2/ ÉCHANGEZ VOS VÊTEMENTS

L'échange de vêtements est un excellent moyen « *green* » pour renouveler sa garde-robe sans rien débourser. Le concept : échanger des vêtements que vous ne portez plus (propres et en bon état) contre d'autres qui vous plaisent.

Où échanger vos vêtements : groupes Facebook, bouche-à-oreille, organisez un événement vous-même (invitez vos ami.e.s et les leurs, par exemple).

3/ PRÊTEZ ET EMPRUNTEZ

Le prêt est une ressource incroyable. Plutôt que d'acheter un vêtement que vous allez porter 3 ou 4 fois par an, vous pouvez vous le faire prêter par vos proches. À votre tour, vous pourrez leur fournir ce dont ils ou elles ont besoin et alors créer un beau réseau d'entraide.

4/ ACHETEZ DE SECONDE MAIN

L'achat de seconde main est un parfait substitut économique à l'achat du neuf. Il va vous permettre de faire de très belles économies tout en achetant des vêtements de qualité. Pour trouver des merveilles, rendez-vous dans les friperies (physiques ou en ligne), les magasins de seconde main, les marchés aux puces ou les vide-greniers.

Acheter, revendre et donner : Emmaüs, Marketplace, groupes Facebook, **www.vinted.fr**, **www.onceagain.fr**, **www.imparfaiteparis.com**, **www.lafripefrancaise.com**, **www.chinedetoncanap.com**, **shop.look-vintage.com**, **ethic2hand.com** et bien d'autres.

5/ LOUEZ VOS VÊTEMENTS

Plutôt que d'acheter, louez vos vêtements pour des périodes définies ou des événements particuliers.

Vêtements en tout genre : **www.lescachotieres.com, www.lecloset.fr**.
Vêtements de maternité : **www.taylorbox.fr**.
Vêtements éthiques : **possiblefrance.com**, **lesappretes.com**.

6/ HABILLEZ-VOUS CHEZ MAMIE ET PAPI

Les placards de nos grands-parents, et même de nos parents, tantes et oncles, débordent de belles ressources non utilisées et souvent de bien meilleure qualité que les vêtements actuels. De quoi ajouter de très belles pièces vintage à votre dressing.

7/ FAITES LA LISTE DE VOS ENVIES VERSION FESTIVE

Notez vos coups de cœur, même ceux qui dépassent votre budget, sur la liste de vos envies et demandez à vos proches de vous gâter lors d'occasions festives (anniversaires, Noël, etc.). Cela vous permettra d'enrichir votre garde-robe de très belles pièces éthiques sans rien débourser.

Retrouvez de nombreuses marques éthiques ici :
www.riche-au-feminin.com/repertoire-bons-plans.

Mon défi zéro budget #11

Je trouve des alternatives pour ma garde-robe.

Je programme mon prochain shopping maison le ....

J'organise un échange de vêtements le ....,

avec ....

....

....

....

Je vais faire un tour dans la penderie de mes grands-parents

le ....

Je mets à jour la liste de mes envies (voir défi #3, p. 21).

DÉFI 12
S'AMUSER AUTREMENT

Nous sommes tellement habitué.e.s à dépenser de l'argent pour tout et n'importe quoi que nous oublions trop rapidement qu'il existe une tonne d'activités gratuites. En fait, je suis certaine que nous savons qu'elles existent, mais nous ne les considérons qu'en plan B.

Et pourtant, elles sont pleines de ressources. Elles permettent de développer notre créativité, de laisser nos écrans de côté, de vivre dans le moment présent et de donner un peu de répit à notre budget.

Mon défi zéro budget #12

Pour ce défi, je vous propose de renouer avec les activités gratuites (ou presque) en jouant au bingo du loisir zéro budget. Complétez-les toutes et ajoutez celles qui manquent.

Je crie « bingo » une fois toutes les activités zéro budget testées et approuvées.

B	I	N	G	O
Je vais à la bibliothèque.	Je fais un tour en vélo.	Je planifie une soirée crêpes.	Je fais une balade avec un thermos de chocolat chaud.	Je discute avec des amis.
Je visite un musée.	J'apprends une nouvelle langue.	Je construis une cabane dans le jardin.	Je dessine.	J'organise une soirée jeux de société.
Je pratique une activité sportive.	Je planifie une soirée cinéma à la maison.	**FUN Version zéro budget**	Je passe une soirée à la belle étoile et/ou fais un feu de camp.	Je prépare un barbecue en famille.
Je retape mes meubles.	Je danse.	J'apprends à coudre.	Je fais des câlins à mes animaux.	Je me lance dans des DIY.
Je fais un pique-nique (à l'extérieur ou l'intérieur).	Je raconte des histoires à mes proches et/ou enfants.	Je désencombre mon logement.	Je fais une séance de shopping maison.	Autre : ....

DÉFI 13
SE DÉPLACER SANS LAISSER DE TRACES

Ce n'est un secret pour personne, la voiture reste le moyen de transport préféré des Français.e.s. Elle arrive dans le paysage dès nos 18 ans et, une fois le permis en poche, elle devient pour beaucoup un indispensable du quotidien. Synonyme de liberté, sans elle, tout paraît impossible.

Bref, il nous faut une voiture. Alors, chacun.e remonte ses manches. À partir de nos économies, de coups de pouce de nos proches ou de prêts, nous parvenons à acheter cette voiture, tant désirée. Mais les dépenses ne s'arrêtent pas là : d'après le média QQF, une voiture coûte en moyenne **5 000 € par an** alors qu'elle reste garée plus de 95 % du temps.

Une belle petite somme, vous me direz ! Sauf que vous n'êtes pas obligé.e de dépenser autant. Vous pouvez très bien aller au travail, rencontrer des amis, déposer vos enfants à l'école, les amener à leurs activités ou encore partir en week-end sans posséder une voiture.

Il est certain que cela implique un petit changement d'habitudes et de perspective, mais c'est tout à fait possible. Au-delà de réaliser des économies, vous allégerez aussi la pollution de l'air, diminuerez les embouteillages (et tout énervement lié à ces derniers) et aurez la possibilité de faire autre chose que de conduire. Vous aurez enfin le temps de bouquiner et de jouer aux cartes.

Mes bonnes adresses entre particuliers

- Covoiturage : **www.blablacar.fr, www.karos.fr**
- Location voiture : **www.ouicar.fr, fr.getaround.com**
- Location de camping-car et van aménagé : **www.we-van.com, www.yescapa.fr**
- Location de vélo : **www.so-bebike.com**
- Et bien d'autres à trouver sur Internet !

Pour relever ce défi avec brio, je vous propose de tester (et d'adopter) des modes de transport plus doux. Les citadins ont plus d'options que les ruraux, je vous l'accorde. L'idée n'est pas de mettre votre voiture au garage pour toujours et de rester cloîtré.e chez vous, mais plutôt de vous en détacher tranquillement, pour vous rendre compte des alternatives qui existent. Qui sait, elle n'est peut-être pas si utile que ça.

Mon défi zéro budget #13

Je me déplace autrement.

La semaine, je passe en moyenne .... h dans ma voiture.
Le week-end, je passe en moyenne .... h dans ma voiture.
Ma voiture me coûte .... € par an.

Je découvre l'éco-conduite avec l'application Geco Air.

LES MEILLEURS REMPLAÇANTS « DOUX »

À pied — En covoiturage — En transport en commun — À vélo, en rollers, skate, trottinette (non électrique)

Par quoi puis-je remplacer mes trajets en voiture pour aller… ?

Au travail : ……………………………………

Faire du sport : ……………………………………

Faire les courses : ……………………………………

Manger au restaurant : ……………………………………

Voir mes parents : ……………………………………

Voir mes amis : ……………………………………

Déposer mes enfants à l'école : ……………………………………

Déposer mes enfants à leurs activités : ……………………………………

Partir en week-end : ……………………………………

Partir en vacances : ……………………………………

Le …………………………………… (date de votre choix), je teste une journée sans voiture.

Pour ne pas laisser ma voiture dormir lorsque je ne l'utilise pas, je peux la louer à des particuliers (voir mes bonnes adresses entre particuliers, p. 52).

Je pourrais gagner entre …………………………………… € et …………………………………… € par jour de location.

Pour mes prochaines vacances, j'opte pour des transports doux.

Je pars (où)	au mois de (quand)	et j'irai en (moyen de transport)
……………………………………	……………………………………	……………………………………
……………………………………	……………………………………	……………………………………
……………………………………	……………………………………	……………………………………
……………………………………	……………………………………	……………………………………
……………………………………	……………………………………	……………………………………
……………………………………	……………………………………	……………………………………
……………………………………	……………………………………	……………………………………

DÉFI 14

OFFRIR COMME IL SE DOIT

Qui n'est pas surexcité.e à l'idée de recevoir un cadeau ? Fêtes religieuses, anniversaires, Saint-Valentin, mariage, rentrée scolaire… Nous nous faisons gâter de toutes parts et, à notre tour, nous faisons de même pour nos proches.

Au point que les cadeaux prennent davantage de place dans nos budgets, mais aussi au niveau de notre charge mentale. Derrière ces belles occasions de faire plaisir et de passer de bons moments avec nos proches, nous nous sommes laissé.e.s emporter dans la folie du cadeau en tant que tel, devenu le personnage principal des fêtes. Selon le CSA, le budget alloué aux cadeaux de Noël des Français.e.s en 2019 s'est élevé à **355 €**. Il reste le premier **poste de dépenses** devant les repas, tenues, décorations et transports.

Rassurez-vous, je ne vais pas vous mettre au défi de ne rien offrir. Je voudrais vous éviter de passer pour un.e radin.e. En revanche, vous pouvez tout à fait gâter vos proches d'une autre manière.

Toute cette histoire de course aux cadeaux, majoritairement matériels, nous a en fait éloigné.e.s de la raison même des fêtes : passer un bon moment et faire plaisir. Offrir un cadeau cher et à la mode n'est pas forcément un gage de garantie et de satisfaction. Combien sont ceux et celles qui n'utilisent jamais ce qu'ils reçoivent ou qui le revendent dès le lendemain ?

Je vous conseille donc d'offrir quelque chose qui aura de la valeur et de l'importance pour celui ou celle qui le recevra. La valeur est quelque chose de très subjectif et propre à chacun.e. Sortez de la spirale infernale du cadeau high-tech et à la mode que vous pensez devoir faire pour « bien paraître », et recentrez-vous sur l'essentiel : faire (réellement) plaisir.

Contrairement à ce qu'on pourrait penser, les expériences apportent bien plus de bonheur que les biens matériels, simplement parce que nous allons les anticiper, les vivre pleinement, et les raconter pendant des années.

Même si, sur le moment, une expérience est plus éphémère qu'un bien matériel, elle va nous marquer dans son unicité, voire nous changer. La sensation de bonheur que nous allons ressentir sera plus forte que celle provoquée par un nouvel objet auquel nous allons très rapidement nous habituer et, finalement, que nous n'allons plus remarquer du tout.

Mon défi zéro budget #14

Les souvenirs restent, les choses passent.

TOP 21 D'IDÉES D'EXPÉRIENCES ET DE CADEAUX DURABLES À HAUTE VALEUR POUR TOUS LES PRIX, ET TOUS LES GOÛTS.

1/ Massage
2/ Brunch
3/ Abonnement de sport
4/ Plante
5/ Formation en ligne (www.fun-mooc.fr)
6/ Jouet écoresponsable ou de seconde main (rejoue.asso.fr)
7/ Journée au parc d'attractions
8/ Virée pique-nique et bowling
9/ Roman de seconde main
10/ Kit cookies de survie
11/ Déco DIY
12/ Bijoux ou vêtements éthiques
13/ Bouquet de fleurs séchées
14/ Cosmétiques maison
15/ Assortiment de thé ou café équitable
16/ Barbecue
17/ Instrument de musique
18/ Projecteur pour les futures soirées cinéma
19/ Cagnotte pour un projet personnel
20/ Week-end en amoureux
21/ Billet pour un spectacle

Bonus : emballez vos cadeaux en utilisant ce que vous avez déjà chez vous : ancien papier cadeau, papier journal, tissu (*furoshiki*), bocal, etc.

Je dresse la liste de mes futurs cadeaux à haute valeur.

Pour qui ?	Qu'est-ce qui a de la valeur pour il ou elle ?	Idées cadeaux	À quel prix ?
....	....	....	....
....	....	....	....
....	....	....	....
....	....	....	....
....	....	....	....
....	....	....	....
....	....	....	....
....	....	....	....
....	....	....	....
....	....	....	....
....	....	....	....
....	....	....	....

DÉFI 15
PLACER SON ARGENT AU VERT

Désormais, grâce aux défis précédents, votre compte en banque se porte bien. Encore mieux, il prend de plus en plus de poids « *green* », ce qui est une excellente nouvelle. Vous avez maintenant les moyens de financer vos ambitions et de vivre la vie que vous souhaitez, selon vos valeurs écolos.

Ce que vous ne savez peut-être pas, c'est que l'argent qui dort sur votre compte bancaire est en fait utilisé par votre banque pour financer des industries hautement polluantes, comme le pétrole ou le charbon, contribuant au réchauffement climatique. D'après le rapport de 2019 d'Oxfam et des Amis de la Terre, les plus grandes banques françaises émettent ainsi, à cause de ces investissements, **4,5 fois plus de CO_2** que la France entière chaque année. C'est énorme.

Pour résumer, l'argent que vous avez épargné grâce à votre consommation plus responsable est finalement utilisé pour financer des activités polluantes, bien loin de vos valeurs. Bref, tout cela ne nous arrange pas.

Alors, pour éviter ce genre de finalité, je vous conseille d'opter pour des banques plus respectueuses de l'environnement et de l'économie sociale et solidaire. Si vous avez un penchant pour les banques traditionnelles, vous pouvez aller faire un tour du côté de la Nef (**www.lanef.com**) ou du Crédit coopératif (**www.credit-cooperatif.coop**).

Si vous avez une préférence pour les banques en ligne, plus modernes et accessibles, je vous propose de découvrir Green-Got (**green-got.com**), la première néo-banque 100 % verte qui vous propose un compte courant décarboné, de l'épargne verte sécurisée, accessible à tous et labellisée ISR et Greenfin. Vous pouvez en plus de cela suivre l'empreinte carbone de votre consommation grâce à un calculateur directement intégré dans l'application.

Mon défi zéro budget #15

Je me rends compte de l'empreinte carbone de mon compte en banque en passant le test ici : green-got.com.

L'empreinte CO_2 de mon compte en banque est de

.... kg par an.

Je choisis une nouvelle banque responsable, pour placer mon argent au vert .

Ma banque responsable préférée

DÉFI ZÉRO BUDGET CONFIRMÉ

SE LANCER DANS DES OPÉRATIONS BLANCHES

Pour ce dernier défi bonus, je vous propose de faire un beau mélange entre les différentes compétences que vous avez acquises tout au long de votre objectif zéro budget. Pour cela, rien de mieux que de changer encore une fois vos réflexes de consommation en vous lançant dans des opérations blanches.

Le concept ? Acquérir un nouvel objet ou une nouvelle expérience (écolo bien sûr), sans utiliser votre argent. De quoi apprendre à se faire plaisir, sans changer le montant de son compte en banque. Autrement dit, vous allez soit obtenir cette nouveauté en créant de la valeur, soit en demandant aux autres de l'acheter pour vous.

Allez faire un tour du côté de votre liste des envies p. 21, et appliquez dès maintenant le principe d'opération blanche de la page suivante. Commencez par déterminer les éléments que vous pourriez vous faire offrir à votre anniversaire, Noël ou pour d'autres occasions festives.

Ensuite, relevez vos manches et mettez en évidence les envies que vous allez satisfaire vous-même grâce à la création de valeur. Pour cela, de nombreuses options sont possibles. Vous pouvez vendre des objets (voir défi #2), proposer vos compétences en contrepartie d'une rémunération (**5euros.com**, **fr.fiverr.com**), louer votre voiture (voir défi #13), ou votre logement (**www.airbnb.fr**), etc.

Vous avez de la valeur en vous et chez vous. Je laisse votre imagination, maintenant bien affûtée, faire le reste.

Mon défi zéro budget confirmé

Je mène une opération blanche de la liste de mes envies.

Je veux	qui coûte	me le faire offrir (quand et par qui)	ou me l'offrir (comment)

CONCLUSION

J'ai une confession à vous faire. Sarah, c'était moi il y a quelques années. Et aujourd'hui, je peux vous dire que je suis pleinement épanouie avec mon argent et avec ce que j'en fais. Vivre en adéquation avec ses valeurs n'a pas de prix. En fait, il y en a un, mais il est bien plus léger que ce que l'on pourrait imaginer.

Les défis que vous avez relevés avec brio marquent le début de votre nouvel équilibre. Grâce à la composition unique de votre zéro budget, vous êtes sorti.e de la spirale infernale de la (sur)consommation, et de la course à la perfection. Vous pouvez en être fier.ère.

Dorénavant, votre argent est dirigé vers les choses qui vous tiennent à cœur. Il n'y a plus de superflu. Plus de tourments. Plus de frustration. Tout s'aligne : vos valeurs, vos besoins, vos ambitions, votre argent. Tout a soudainement beaucoup plus de sens.

Parce que je sais qu'on ne le fait pas suffisamment, prenez le temps de vous rendre compte du chemin parcouru, et ne vous arrêtez pas là. Continuez à cultiver le doute et à découvrir d'autres façons de faire toujours plus en adéquation avec vos valeurs.

Ne laissez plus votre petite voix, ou quiconque d'ailleurs, freiner votre bonheur. Dépassez vos blocages, un à un, et donnez-vous les moyens de vivre pleinement.

Crédit iconographique d'intérieur
et de couverture : ©Shutterstock

Direction : Guillaume Pô
Direction éditoriale : Élisabeth Pegeon
Édition : Coline Morin
et Audrey St-Amour Coulombe
Correction : Camille Didelon
Direction artistique : Julie Mathieu
Conception graphique et mise en pages :
Caroline Soulères
Direction de fabrication : Thierry Dubus
Fabrication : Julia Mirenda

Achevé d'imprimer en France, en décembre 2020,
par SEPEC – Z.A des Bruyères,
01960 Péronnas
Numéro d'impression : 10435200927

Rustica s'engage pour la planète : cet ouvrage
est imprimé de façon écoresponsable sur du papier
certifié PEFC™ issu de forêts gérées
de façon durable.

PEFC™
10-31-1470

Certifié PEFC

Ce produit est issu
de forêts gérées
durablement et de
sources contrôlées.

pefc-france.org

Imprimeur labellisé
IMPRIM'VERT®